目錄

METEORITE

一探究竟

無邊無際的宇宙中，流星體劃過是見怪不怪的事。但是如果遇到小行星，地球可要留意了！

電影《世界末日Armageddon》是美國1998年上映的科幻災難電影，講述一個小行星將在18天內撞擊地球，其撞擊力足以造成所有地球生物滅亡！

美國太空總署因而決定派遣太空人登陸小行星，在它的核心裡置入核彈，趕在它撞向地球之前引爆炸毀。

劇照 1

（圖片來源：www.r8w7.files.wordpress.com）

劇照 2

（圖片來源：www.scientificgamer.com）

部分科學家深信，隕石撞擊說是恐龍滅絕的主要原因。6500萬年前，一個超大的小行星撞擊地球，導致恐龍在短時間內滅絕了。
當時的地球被灰燼鋪天蓋地，遮掩了太陽的光芒長達好幾個月，氣溫急劇降低，植物無法生長，恐龍也因缺乏食物和氣候的變化而陸續大批死去。

（圖片來源：www.macleans.ca）

（圖片來源：www.america.aljazeera.com）

據說恐龍時代的隕石撞擊引發了大海嘯、全球性大火、地震和火山爆發

這個小行星在地球上撞出的深坑在墨西哥猶加敦半島，名叫希克蘇魯伯隕石坑（Chicxulub Crater），瑪雅語意為「惡魔的尾巴」。

（圖片來源：www.jmdaillier.free.fr）

（圖片來源：www.image.wangchao.net）

希克蘇魯伯隕石坑的平均直徑約有180公里，是全世界所有已知爆炸事件中規模排名第一的，相當於100萬億噸黃色炸藥的能量。

小行星即將墜落到地球！地球生物的存亡會如何呢？
小太陽，地球的存亡，我們看你了！

角色介紹

個性

非常有時間觀念，急躁，愛催促大隊。

超能力

一部時光機，能控制時間，不但能回到過去，穿梭到未來，還能讓時間停止。

個性

自我感覺良好，總覺得自己是高水準動物。

超能力

身體裡面的魚是思維的控制中心。模仿能力很強，可以變成任何物體。遇到險境時，是隊裡的逃難救星。

咚咚

圓圓

苗苗

太陽

小陽

個性

比較害羞和溫順，是善良可愛的小植物精靈。

超能力

不斷地向它澆水會變得非常巨大。在遇到頑敵時，是小太陽隊裡的殺手鐧。

個性

聰慧冷靜，反應敏捷，脾氣溫順，但囉唆愛嘮叨。

超能力

體內充滿太陽能，能發電，具有讓生物復活的特異能力。

個性

急性子，迷糊。平日好玩，常自作聰明，好奇心重，但本性善良，視大陽為偶像。

超能力

太生氣時，頭上會射出高能量的藍火焰。藍火焰會將周圍的東西燒焦。

METEORITE

宇狼
(Wolf)

國家太空中心的首席太空人。為了實現從宇宙觀望地球的兒時夢想,立志當上太空人。

火野莉
(Mars)

受訓中的太空人。個性女孩,有一顆征服宇宙的雄心。

小運
（*Mr. Luck*）

單純傻氣、忠誠,是大財的跟班。

大財
（*Mr. Big*）

市面上售賣「假隕石」的大哥大,但只有一個小跟班。

太空署長
(Professor Frank)

國家太空中心的最高決策人。

拉斯教官
(Officer Armstrong)

要求嚴格的太空人教官,也是資深的太空人。

DANGER

WARNING

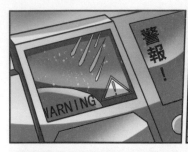

第一章
太空署長的祕密

圓圓，你的外星人又要輸了。

……

大陽，你怎麼不跟我們玩？

我……我在忙！

那麼神祕，是不是有事瞞著我？

與隕石相關的問題想請教你。

14

15

21

它們的不同

相約看流星雨會不會有危險？我們會被流星砸中嗎？
流星和隕石到底又有什麼差別？
別急，看看下圖你就知道了！

小行星

小行星 (Asteroid)：較大的太空岩石！它們絕大部分來自火星和木星之間的小行星帶，偶爾受到擾動就會脫軌，朝著太陽飛，卻「不小心」接近了地球。

流星體 (Meteoroid)：比小行星小的岩石碎屑，一般統稱為「流星體」。大部分的流星體的體積很小，它們進入地球大氣層時跟空氣摩擦而燃燒，還沒落到地球就已成為灰燼了，所以觀看流星一般都很安全！

流星雨 (Meteor Shower)：流星體進入地球大氣層時會發出光亮，由於直徑小，數量也多，形成「雨」的現象。

隕石 (Meteorite)：若流星體的一部分碎屑沒燒成灰燼，最終掉到地球表面，那這殘餘的石塊就叫做「隕石」！

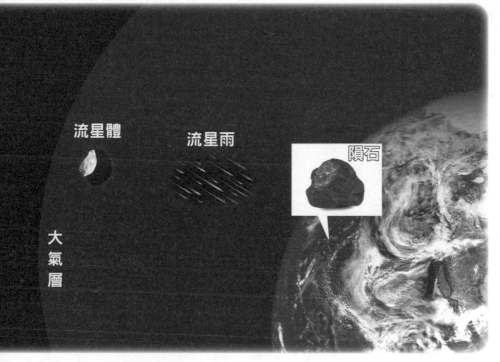

流星體

流星雨

陷石

大氣層

小知識

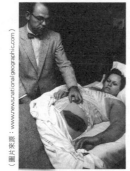

（圖片來源：www.newsnationalgeographic.com）

夫人的傷口

（圖片來源：www.2-pa.blogspot.com）

大花板破了

世界上第一個被隕石砸中的人

1954年3月30日，美國阿拉巴馬州（Alabama）的安·霍奇斯（Ann Hodges）太太用過午飯後，覺得有些不適便在沙發上休息。突然一聲巨響，一個黑乎乎的東西從天而降，穿過天花板彈到了她的身上。於是她成為了人類歷史上有明確紀錄以來，第一個被隕石砸中的人。

第二章
火星驚險記

剛才火野莉換裝，是為了訓練吧？

哇！你們看！

失重訓練

你自己好好想想吧!

今天狀況不好,但也不能給自己找藉口!

恭喜你們順利返回地球!

國家太空中心

上太空是我的夢想……

剛從月球回來的你們,不知你們實際站在月球上的感覺是如何?

很興奮！從月球上看地球，另有一番風味！

我想，人類真的應該保護地球。從宇宙看地球太美了，而人類那麼幸運，竟然可在這星球生活。

學長！

難道你不認為是這樣嗎？而地球只是其中一個行星，宇宙還有很多未知等著你去發掘！

你剛才的那番話實在是太帥了！

火野莉，我相信你也會成為一個出色的太空人。

宇狼
國家太空中心
資深太空人

29

34

36

38

39

隕石是這樣被肯定的

隕石來自太陽系，是其他天體的碎片，它們絕大多數來自火星和木星之間的小行星帶，少數來自月球和火星。

太陽

月球　　火星

水星

地球

金星

木星

小行星帶

土星

目前，人類在世界各地已收集到4萬多塊的隕石標本。究竟隕石長什麼樣子呢？我們又如何鑑定「它」就是一塊隕石？

METEORITE

隕石的特徵

第一：熔殼 (Fusion Crust) 和顏色

隕石進入大氣層時，表面會燒蝕並產生呈黑色的熔殼。隨著墜地的時間增加，會因風化作用而變成深褐色。

第二：外觀和密度

隕石很少會呈球形或者有尖角，它們的形狀大多數都是不規則的，且邊角圓滑。隕石極少有天然形成的空洞，重量也比同體積的一般地球岩石來得重。

第三：氣印 (Regmaglypts)

大多數隕石表面都相當光滑，有許多隕石表面有類似拇指按過的氣印。

第四：磁性

大多數隕石具有磁性，尤其是鐵隕石。

小叮嚀

如果以上四點條件不達標，那它很可能只是一塊普通的石頭。如果都符合，你就趕緊將手上的這塊石頭拿給專家鑑定吧！
恭喜你！

第三章
太空「浮屍」！

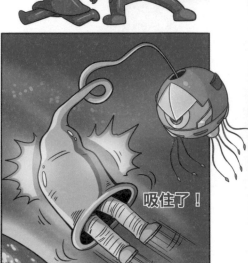

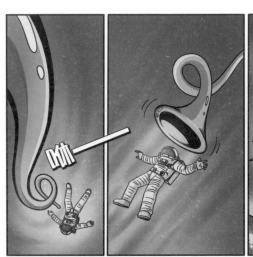

咻

吸住了！

我要吐出來
囉！你們快
把他接住！

哇啊，好重！

讓我來！

是宇狼學長！

看來他一直
在宇宙漂流，
我們先讓他
好好休息吧！

你終於醒了！

火野莉！
天行者計畫⋯⋯

感覺如何？

我被彈出到外太空。

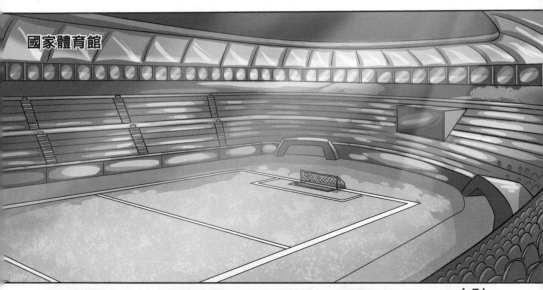

國家體育館

大財
賣假隕石的
非法商人

小運
大財的跟班

老大，
我表哥在太空中
心裡工作，消息
準沒錯！

賣假隕石
那麼多年了，
都沒看過
「正宗」的。

你的消息最好
是靈通，不然
就有你好受！

老大，我辦事，
你放心。

呵呵……找到的話，我們就發大財了！

快找，我們要比別人搶先一步！

隕石的價格比黃金和鑽石還高，不同種類的隕石價格就會不同。

如果是火星隕石，每公克可賣到200美元；最貴的月球隕石甚至可以高達每公克6000美元！

老大，那你比較想找到來自哪裡的隕石？

噓！有人！小聲一點。

我們地球上出現的隕石，絕大多數是來自於火星和木星之間的小行星，還有少數是來自月球的。

我只想逗你開心嘛。何況在我的眼中，每塊石頭都長得差不多，我怎麼分辨得出啊……

那還不是因為你沒知識！

老大！這一次是真的，你看！

唔！

天災常識
隕石的種類

隕石包含著豐富的太陽系資訊，對人類探求太陽系天體演化有很大的幫助。隕石成分、結構和構造都有差異，科學家將它們分為三大類：石隕石、鐵隕石和石鐵隕石。

（圖片來源：www.upload.wikimedia.org）

石隕石 (Stony Meteorite)

這種隕石的數目最多，可分為兩種：球粒隕石（Chondrite）和無粒隕石（Achondrite）。

球粒隕石的外形有圓形的小顆粒，它們通常有45.5億歲的年齡了！這類隕石來自小行星帶，是未能結合成大天體的物質。

無粒隕石則是已經被分化的小行星地殼物質，較為「年輕」，來自離地球較近的月球或火星。

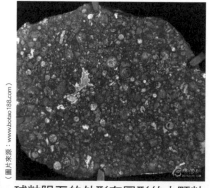

（圖片來源：www.botao188.com）

球粒隕石的外形有圓形的小顆粒

（圖片來源：www.upload. wikimedia.org）

沒有顆粒的無粒隕石

METEORITE

鐵隕石 (Iron Meteorite)

鐵隕石數量約占隕石總量的6％，主要由鐵和鎳（ㄋㄧㄝˋ）組成，也叫隕鐵。它有很棒的抵抗風化作用，在穿越大氣層時不輕易燃盡，因此掉在地球上後，更容易找到大型的碎塊。

在地球上，人類還沒有見到與鐵隕石相近的物質，因此鐵隕石也因為不尋常的外形很容易被認出來。

鐵隕石

霍巴隕鐵（Hoba Meteorite）是目前找到最重的鐵隕石它的經濟價值很高，適合打造優良的兵器。過去，敘利亞商人敲了幾塊帶回國，賣給當地的刀匠，打造有名的大馬士革花紋鋼折刀。為避免霍巴隕鐵一天天「消瘦」，政府趕緊宣布這塊隕石為國家遺跡。

石鐵隕石 (Stony-Iron Meteorite)

石鐵隕石是最罕見的隕石種類，數量大約只占2％。它是鐵、鎳金屬和矽酸鹽的混合物。

石鐵隕石可分為橄欖隕鐵和中鐵隕。橄欖隕鐵，非常罕見，但目前還是有足夠的橄欖隕鐵保存在博物館，供科學家作研究。

（圖片來源：www.mmbiz.qpic.cn）

橄欖隕鐵的切片

第四章
末日隕石大災難

碰！

好像聽見不明的巨響……

末日隕石的流言是真的！

交代隕石事件！

交代！

真相！

總統府

請大家
冷靜！

太空署長，
小隕石墜落體育場
已造成可怕的破壞，
據說即將會有小行星
墜落地球，
是真的嗎？

……

的確有小行星向地球
的方向飛來，但我們
已找到了解決方案，
大家可以放心。

小行星
有多大？

如果有什麼新的
消息，我們會
立即發布。

請大家相
信我們的
能力！

59

國家太空中心
局長

國防部長

副總統

各位，我們能再啟動天行者計畫2嗎？

飛船需要六個月的時間才能抵達小行星。而現在……

我們只剩下一個月的時間準備，恐怕來不及實行！

等一下！

61

這一次的行程難以預料，一定要小心行事。

以防萬一，我必須多準備一個安全措施。

咔!

萬一任務失敗，大家能不能全身而退，就靠你了。

66

天災常識

隕石做的好事

過去到現在，曾有許多隕石在地球表面留下巨大的撞擊坑。天體的故事烙印在地球，留下了美麗的傷痕。走，一起看看幾個世界聞名的隕石坑吧！

卡利隕石坑，愛沙尼亞
(The Kaali Meteorite Craters, Estonia)

大約7500年前，大隕石進入地球大氣層後分裂成9塊小碎片，降落在今天的愛沙尼亞的薩列馬島，這9塊小碎片也造成了9個撞擊坑。今天，這裡終於向大眾開放，大家還可以去看看島上的博物館。

9個撞擊坑中，有的非常小，只有11公尺寬，1公尺深；而有的卻相當大，直徑有110公尺左右，裡面積滿了水，形成一個小湖泊。

巴林傑隕石坑，美國
(Barringer Crater, USA)

由於這個隕石的撞擊力度太強，即使隕石體積很大卻幾乎蒸發殆盡。1902年，地質學家丹尼爾・巴林傑來到這裡，發現這個大坑是一個富含鐵元素的隕石造成的，後來在地質學家喬治・P・梅林對周圍環境進行考察後，也認同了這個說法。

這個屬於巴林傑家族的隕石坑，他們聲稱，這是「世界上保存最完好的隕石撞擊坑」。

DANGER

弗里德堡隕石坑，南非
(Vredefort Crater, South Africa)

弗里德堡隕石坑是地球上最大的隕石坑，估計最初的直徑有300公里。撞擊發生在大約20億年前，造成該坑的是一個大約10公里大小的小行星，比毀滅恐龍的那個小行星還大兩倍！

（圖片來源：www.geoledgers.com）

風化作用使弗里德堡隕石坑不再是一個「坑」，而是一系列直徑約70公里、相互平行的環形小山。2005年，這裡被評為世界文化遺產，是著名的旅遊勝地。

馬尼夸根隕石坑，加拿大
(Manicouagan Reservoir, Canada)

馬尼夸根隕石坑（又稱馬尼夸根湖）這古老的隕石坑有個環狀湖，其面積達1942平方公里；湖中央為勒內-勒瓦瑟島（René-Levasseur Island）。鳥瞰時，其地形看起來就像是一隻眼睛一樣，因此被稱為「魁北克之眼（Eye Of Quebec）」。

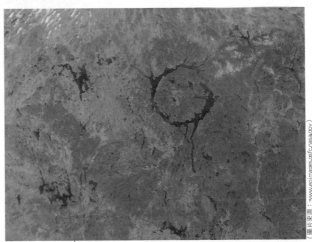

（圖片來源：www.eoimages.gsfc.nasa.gov）

這是地表上已知的第五大隕石坑！

WARNING

第五章
引爆隕石

教主！教主！

教主！教主！

各位，虔誠地加入我們飛碟教會吧！這樣絕對能感動我們的創始者——外星人。

它們會在末日前來接我們到它們的星球去，我們就能逃過這場災難了！

教主萬歲！

埃及神祕的金字塔是外星人建造的，復活節島的摩艾石像也是外星人留下來的！

你們看！他們會不時回來看我們，不然人類怎會捕捉到這麼多UFO影像呢！

來，各位，跟著我這個動作！

一起發送腦電波⋯⋯

在內心默念：「外星人，來地球拯救我們吧！」

偉大的救世主，快點來拯救我們吧！

偉大的救世主外星人，快點來拯救我們吧！

偉大的救世主外星人，快點來拯救我們吧！

71

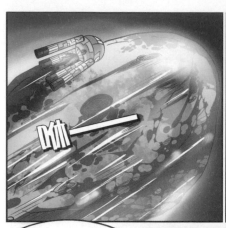

大陽改良的飛船果然厲害，那麼快就抵達小行星了。

報告隊長，鑽洞機準備就緒。

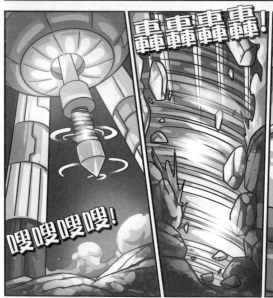

順利鑽洞250公尺，立刻將通道伸展到洞底。

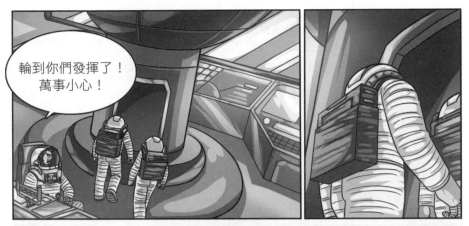

砰！

喀!

我的媽呀！

喂，飛船到底好了嗎？

我們念咒語，啟動著……

末日隕石降臨！來坐飛船啊！

好美味麵包店

老大……

離開前，
我想搶麵包吃！
趁現在沒人！

貪吃鬼！

現在當然
是要幹一番
大事啊！

那兩人鬼鬼
崇崇……

怎麼跑到
後巷去？

大陽，他們
在撬門！

這一次連老天爺也幫我！哈！

對、對、對，發達囉！

哇！

哦？

哇哈哈，老大！是大元寶啊！

可是，這大元寶的重量怎麼那麼輕……

哇啊啊啊，我的手被黏住了！

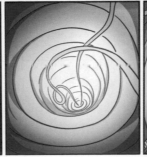

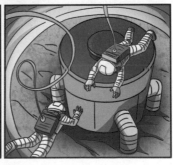

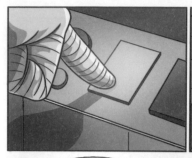

拉斯教官，
炸彈已安裝好。

做得好，你們現在
趕緊離開通道！

火野莉，
你先上去吧。

嗚哇！

小龍！通道
崩塌了！

哎！

咯裂！

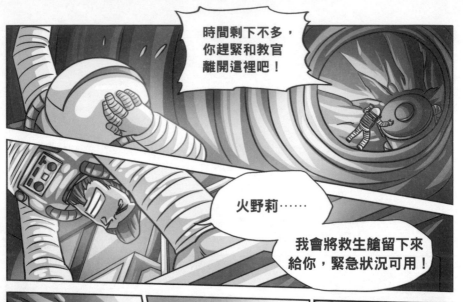

天災常識
隕石飛到俄羅斯

2013年2月15日，中午12時30分左右，一顆直徑15～17公尺的小行星穿越大氣層後，在距離地面的20～25公里高空發生爆炸，形成了「隕石雨」，大量碎塊墜落在俄羅斯的車里雅賓斯克州（Chelyabinsk）。

小行星初進入大氣層到發生爆炸的時間快速得只有32.5秒，完全來不及發出警示。

（圖片來源：www.si.ytimg.com）

當地有許多建築物的窗戶玻璃因而破裂，還有1200多人受傷，受損建築物大約有3000棟，辦公大樓立即疏散人群，學校也宣布停課。

（圖片來源：www.darkroom.baltimoresun.com）

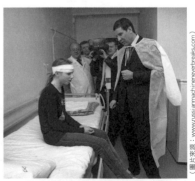

（圖片來源：www.russianmachineneverbreaks.com）

METEORITE

以美國國家航空暨太空總署（NASA）的估計，像這樣大小的小行星，撞擊地球的頻率大約每100年會在地球發生一次。而這一次的撞擊是自1908年通古斯事件後撞擊最強的隕石墜落事件了！

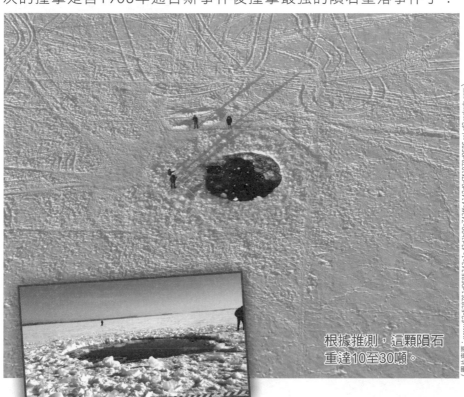

根據推測，這顆隕石重達10至30噸。

（圖片來源：www.62e52876.1d0685343e1c.f3d1b99a743ffa4142d9d7f1978d9686.ssl.cf2.rackcdn.com）

（圖片來源：www.fwdlife.in）

隨後，俄羅斯軍方在隕石墜落區域發現了3塊隕石碎片，其中一塊在切巴爾庫爾湖附近。專家在該隕石碎片在地上撞擊出的隕石坑發現了主要成分，即岩石和鐵。

（圖片來源：www.d1clmfvwv0p7cd2.cloudfront.net）

DANGER

WARNING

第六章
火野莉的犧牲

小行星
成功炸毀！
Bravo！

成功啦！

喂，
是宇狼嗎？

小行星已經成功
炸毀，遺憾的是，
火野莉她犧牲了。

什麼……

各位，
我們正式宣布，

小行星成功炸毀，
我們的太空人做得
很好。

火野莉，
你真的……

表現得
太好了……

鈴

滋!

啵!

是火野莉!

嗖!

你還活著!

多虧大陽將咚咚安置在救生艙,爆炸前,咚咚讓時空轉移,把我帶回地球來。

你沒事真的太好了，我好怕以後再也見不到你。

咚咚，做得好！

大陽，萬歲！

謝謝你咚咚。

鈴——

各位民眾請留意，小行星分裂的小塊正往拉拉城墜落！

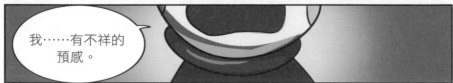

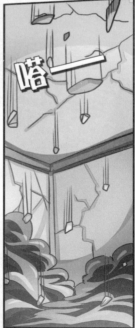

陳護理師，
快帶病人往大門
出口逃生！

大門？

周圍好暗。

那裡好像有
亮光。

105

天災常識 杜林危險指數

杜林危險指數（Torino Scale）是科學家用來衡量天體撞擊地球的指標，由美國麻省理工學院的地球科學系教授理查‧賓澤爾所提出。有了它，人類就能夠推算出「天外來客」對地球的撞擊機率和破壞力，評估其對地球造成的嚴重性。

（圖片來源：www.eaosweb.mit.edu）

地球科學系教授理查‧賓澤爾
（Richard P. Binzel）

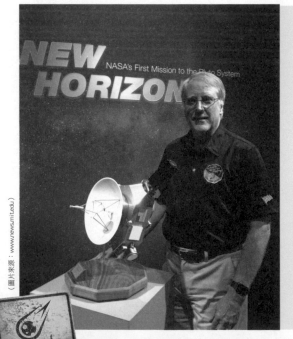

（圖片來源：www.news.mit.edu）

理查‧賓澤爾在1995年發表了第一版的杜林危險指數後，接下來仍努力完善這個理論。他終於在1999年6月，義大利杜林市舉辦的國際近地天體會議中發表了更新的版本，且透過全體投票得到接納。2005年，杜林危險指數的文字注解經過修改，希望能更清楚地讓公眾了解該理論。

METEORITE

杜林危險指數用了白、綠、黃、橙、紅來代表不同級數。

級數		
無危險	0	該天體**撞擊地球的機率或危險可當作為零**。如：撞擊地球前就燒毀的流星群；或者間中落地，極少引起破壞的小隕石。
正常	1	現用的計算顯示，**撞擊的機會極低**。在絕大多數情況下，進一步的望遠鏡觀測會將危險指數再評為零級。
需要天文學家注意	2	該天體會接近地球，但**不會異常地過於接近**，不需引起公眾的關注。危險指數再評為零級的可能性極高。
	3	會有1%或以上的可能性造成**小範圍的衝撞損毀**。危險指數再評為零級的可能性極高。如果該天體10年內會靠近地球，應通知公眾和有關部門。
	4	會有1%或以上的可能性造成**區域性的衝撞損毀**。危險指數再評為零級的可能性極高。如果該天體10年內會靠近地球，應通知公眾和有關部門。
威脅	5	可能會帶來區域性的嚴重破壞。**天文學家需極度關注和判斷**。若該天體10年內可能撞擊地球，各國政府可被授權採取緊急應對計畫。
	6	大型天體接近地球，可能帶來**全球性的災難性破壞**。如果該天體30年內可能撞擊地球，各國政府可被授權採取緊急應對計畫。
	7	大型天體**非常接近地球**，在一世紀內可能帶來前所未有的全球災難。國際的緊急應對計畫將會啟動，儘快獲得令人信服的證據，確定撞擊是否會發生。
肯定發生撞擊	8	若在陸地發生，將會對**局部地區造成毀壞**；若物體撞落近岸地區，可能引發**海嘯**。（平均每隔50至數千年發生一次）
	9	若在陸地發生，將會對**大面積地區造成毀壞**；若撞落海洋，可能會引發**大海嘯**。（平均每隔1萬至10萬年發生一次）
	10	無論撞擊陸地或海洋，均會造成**全球氣候大災難**，並會對整個地球造成威脅。（平均每10萬年或以上發生一次）

第七章
永不放棄！

砰！

來，
我扶你！

這裡快塌了！
全員快到外頭
避難！

不要丟下
我們……
放我們出去！

把犯人一起
帶走吧！

啪嗒！

暈

不要！
我還不想
死啊！

啪嗒！

啪嗒！

唯一能救我們的
人也死了，難道
我真的要死在
這裡嗎？

鐵……鐵門
炸開了!發生
什麼事?

劈啪!

滋—

出獄了!

咦，大家都逃亡了？

哇！這是我最想要的65吋LED電視機！不如……不如……

快搬上車全帶走吧！看，我對你多好！

123

宇狼，你看那邊，是剛撞擊出來的隕石坑！

恐龍時代撞擊地球的那個小行星比這個大很多吧？真難以想像。

呼——

現在我們等待救援隊來吧！

我對拉拉城居民所遭受的災害感到痛心。我們會盡力提供必要的援助，大家一起度過這場災難。

只要互相幫忙，一起解救其他受傷或受困的市民，一定很快就能重建家園。

小資訊：
現實生活中，美國國家航空暨太空總署（NASA）在夏威夷資助興建「小行星天體衝擊最後警報系統」（ATLAS），以提前監測太空隕石墜落的情況，為可能受威脅地區的民眾提供疏散機會。

1、2、3，起！

謝謝你們啊……

宇宙浩瀚，充滿未知！

我要繼續探索宇宙，為大家解開更多宇宙的祕密！

嗚嗚，為什麼我們這麼倒楣啊？

嗯！

小行星99942

目前，杜林危險指數紀錄最高的天體是小行星99942（也叫Apophis）。它的直徑大約是330公尺，足足大過兩個國際足球場呢！

2004年12月23日，美國國家航空暨太空總署（NASA）的近地天體研究中心就發表了消息，指它的危險指數達到2級，隨後更升到4級！幸運的是，2006年8月時終於降為了0級。

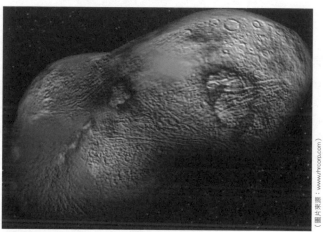

（圖片來源：www.rhrcorp.com）

2012年拍到的小行星99942

因此，小行星99942在2029年只會和地球「擦肩而過」，不會撞擊地球。到了2036年，雖然小行星99942會重新「光臨」地球，但它這時的軌道已受到引力的影響而改變了，地球理應能再次逃過一劫。

（圖片來源：www.josephmallozzi.files.wordpress.com）

發現小行星99942的三人組：
羅伊‧塔克（Roy Tucker）、大衛‧J‧蘇倫（David J. Tholen）和法伯瑞茲歐‧伯納德（Fabrizio Bernardi）。

METEORITE

雖然小行星撞擊地球的機率非常小，但它始終是危險的，人類因此不得不未雨綢繆。

在俄羅斯，有科學家研究用核武器摧毀對地球具有威脅性的小行星。但航空知識專家認為核爆其實無法徹底粉碎小行星，其殘塊仍會威脅地球。

為此，NASA除了進行多項載人登陸小行星的方案，也加快了行星防禦的工作，與歐洲太空總署（ESA）共同研究改變危險天體方向的方法。如果發現了近地天體，便會發射飛行器接近它和捕捉它，慢慢將其牽引偏離地球的軌道，從而保住地球家園。

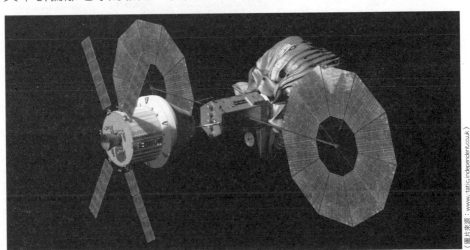

（圖片來源：www.tatic.independent.co.uk）

所謂知彼知己，百戰百勝。NASA決定2021年「綁架」一個小行星到地球附近的月球軌道，這樣太空人就不用大老遠去到小行星帶研究隕石了。

國家圖書館出版品預行編目（CIP）資料

小太陽奇遇探險王～天災警報系列 5《末日隕
石》隕石墜落篇／陳琬璇，碰碰腦創意工作室；
劉濤繪 . -- 初版 . -- 臺北市：臺灣東販股份有限
公司，2024.03
136 面；14.8×21 公分
ISBN 978-626-379-217-3（平裝）

1.CST：自然災害 2.CST：防災教育 3.CST：安
全教育 4.CST：兒童教育

528.38　　　　　　　　　　　112022043

小太陽奇遇探險王～天災警報系列❺

《末日隕石》隕石墜落篇

2024 年 3 月 1 日初版第一刷發行

著　　　者　陳琬璇、碰碰腦創意工作室
漫　　　畫　劉濤
主　　　編　陳其衍
美術編輯　林泠
發 行 人　若森稔雄
發 行 所　台灣東販股份有限公司
　　　　　＜地址＞台北市南京東路 4 段 130 號 2F-1
　　　　　＜電話＞（02）2577-8878
　　　　　＜傳真＞（02）2577-8896
　　　　　＜網址＞ http://www.tohan.com.tw
郵撥帳號　1405049-4
法律顧問　蕭雄淋律師
總 經 銷　聯合發行股份有限公司
　　　　　＜電話＞（02）2917-8022

益智
學習單

01

部分科學家深信隕石撞擊地球是恐龍滅絕的主因，以下何者不是本書所列出隕石撞擊所導致的危害？

A. 引發大海嘯　**B.** 流行病擴散　**C.** 全球性地震　**D.** 火山爆發

02

隕石是來自太陽系其他天體的碎片，而其絕大多數是來自哪兩個行星之間的小行星帶？

A. 水星＆金星　**B.** 月球＆火星　**C.** 火星＆木星　**D.** 土星＆木星

03

世界各地已收集到4萬多塊隕石標本，科學家會以各種特徵標準來判定隕石，以下何者不是隕石的特徵？

A. 熔殼　**B.** 氣印　**C.** 磁性　**D.** 光澤度

04

在太陽系的行星當中何者是體積最大而且自轉最快的？

A. 木星　**B.** 火星　**C.** 金星　**D.** 水星

05

美國2008年發射的「鳳凰號」探測器在以下哪個行星發現了一些水和生命跡象？

A. 木星　　B. 火星　　C. 金星　　D. 水星

06

流星雨通常體積都不會太大，且會因為以下何種作用的發生，而大大降低對人類和飛機產生危害的機率？

A. 相互撞擊粉碎　　　　B. 跟大氣層摩擦生熱，燃燒殆盡
C. 被空氣中的水氣融化　D. 被天空中的雲層阻擋

07

隕石因成分、結構而有不同的種類，以下何者不是科學家所界定的隕石分類名稱？

A. 石隕石　　B. 鐵隕石　　C. 晶隕石　　D. 石鐵隕石

08

人類在世界各地已經收集到了4萬多塊隕石標本，而其中又以何種隕石的數量最多？

A. 石隕石　　B. 鐵隕石　　C. 晶隕石　　D. 石鐵隕石

09
鐵隕石主要是由鐵和鎳所組成，在穿越大氣層時因具有以下何種作用而不容易被燃盡？

A. 抵抗光合作用　　B. 抵抗地心引力

C. 抵抗風化作用　　D. 抵抗氧化

10
石鐵隕石是最罕見的隕石種類，數量大約只占2%，以下何者不是其組成的成分？

A. 鐵　B. 銀　C. 鎳　D. 矽酸鹽

11
許多隕石曾在地球表面留下了巨大的撞擊坑，以下何者是目前地球上最大的隕石坑？

A. 卡利隕石坑　　　B. 巴林傑隕石坑

C. 弗里德堡隕石坑　D. 馬尼夸根隕石坑

12
杜林危險指數是科學家用來衡量天體撞擊地球的指標，而當指數達到幾級時，將會對「局部地區造成毀壞」？

A. 6級　B. 7級　C. 8級　D. 9級

解答

01：**B**　02：**C**　03：**D**　04：**A**
05：**B**　06：**B**　07：**C**　08：**A**
09：**C**　10：**B**　11：**C**　12：**C**

答對10~12題

真厲害！你是隕石知識小高手，已經把本書的隕石相關知識都吸收成自己的知識了喔！

答對7~9題

雖然有些隕石知識還沒有吸收，但已經很棒了，只要再複習一下，一定可以答對更多題。

答對4~6題

喔喔！竟然有一半的題目沒答對，我還有很大的進步空間，讓我再好好的從頭閱讀一遍！

答對0~3題

OMG！我只答對這麼少題，到底是哪些內容沒看懂呢？我要更認真學習一下才行！